Destino al Amor

Sueños con Dios

Claudia Velázquez

Claudia Velázquez

Autor: Claudia Velázquez

Obra: Destino al Amor

Sello: Amazon

ISBN: 9798817162868

DESTINO AL AMOR

Tabla de contenido

Prólogo

En una valiosa recopilación de anécdotas, Claudia nos va revelando su crecimiento personal. Paso a paso, cada detalle que la ha marcado como persona y entregado en cada una de estas páginas.

Como seres humanos, todos tenemos la misma duda; ¿por qué estamos aquí? ¿Cuál es nuestro propósito? La autora de este libro nos ayuda a mirar en retrospectiva y enfocarnos en nuestro "por qué".

El amor, sin duda, es un tema que jamás se quedará atrás, pues cada uno de sus diferentes tipos nos otorga una caricia distinta para el alma.

Como un descubrimiento, cada página que vamos leyendo es un paso en cercanía a la identificación de nuestros sueños, un granito de arena sobre la fortaleza para defenderlos, el soplo de seguridad que nos hace falta para amarnos, considerarnos suficientes y hacer de nuestra vida la que deseamos para nosotras mismas.

Capítulo 1

Mi niñez

La aventura de la vida que nos lleva a enamorarnos, disfrutar de un atardecer, mirarnos a los ojos y descubrir que fuimos hechos el uno para el otro, pareciera que ya nos conociéramos antes.

Descubrimos los niños que llevamos dentro, las risas, los abrazos, cada detalle, lo hacía tan especial, pasaba tan rápido el tiempo, y ya debías de irte, cómo detener los segundos para disfrutarte más.

Esperar para el nuevo encuentro se hacía tan largo los minutos, dentro de mí, solo había mariposas, volar y en tu pecho estar.

Recuerdo como soñaba que sería ese día especial, tener al chico que me robaría el corazón, que me podía hacer enloquecer, la adolescencia tocó a mi puerta, llegó con cambios dentro de mí.

Era la quinta de 8 hermanos, carencias económicas, falta de abrazos de papá y mamá, sentía un vacío muy fuerte y a su vez soñaba con ser muy feliz, tener un hogar, estudiar una carrera universitaria y poder viajar a otros países, poder viajar en avión, tener una casa muy grande y tener muchos hijos.

Recuerdo que cuando era una niña veía a las mariposas salir de su estado de metamorfosis.

DESTINO AL AMOR

Respuesta

4 etapas

El huevo

Larva

La pupa

El adulto

¿Cuánto tiempo dura el proceso de la mariposa?

R. Unas tres semanas aproximadamente.

¿Cómo nacen las mariposas?

R. Pequeñas orugas que se alimentan con las hojas de las plantas. Con el paso del tiempo, estas orugas van creciendo hasta formar un capullo.

Para hacer sus tareas se subía a un árbol, ahí se concentraba a estudiar y memorizar.

La escasez económica en la cual vivía no le impedía lograr lo que quería.

Vivía en una casa grande, con paredes sin terminar de construir, las carencias eran muchas, para llevar dinero a la escuela, mamá me daba juguetes, dulces o pepitas o tamarindos, para vender y así poder comprar mi lonche a la hora del recreo, a mi corta edad me enseñó mamá a vender., para poder comer.

Recuerdo que cuando sonaba el timbre para salir a jugar, todos los niños de mi salón me rodeaban para comprar lo que yo llevaba, ellos se ponían felices y yo también.

Se me acababa todo lo que yo llevaba a vender, solo tenía 8 años de edad, podía comprar algo para comer en ese momento y compartía con mis amigos.

Cuando llegaba a casa le mostraba a mi madre lo que había ganado, así podía ayudarla con el gasto de la casa.

Ese dinero le servía para poder comprar tortillas, algo que hiciera falta en la casa.

Eso me hacía sentir muy bien, porque aportaba con algo, que yo misma había ganado, con la venta de lo que me daba para llevar al colegio.

A su vez papá, trabajaba en las ferias, de la ciudad o población, puestos de canicas, rifas de muñecas, tortuguitas en el agua, se atrapaban y traían premio y cuando los que participaban ganaban, se ponían a gritar de alegría, por supuesto que yo me divertía y jugaba a ser empresaria., era muy, pero muy feliz.

3 cosas importantes que viví en esa etapa de mi vida.

DESTINO AL AMOR

Aprendí a disfrutar esa etapa de mi vida, ser muy feliz, poder volar muy alto, corría muy fuerte, jugaba a pesca, pesca, busca, busca, era muy difícil que me pescarán o buscarán, la fuerza que tenía para correr era increíble, la alegría a la vida.

Aprendí a vender, a saber, que lo que no tenía eran muchas cosas, disfrutaba lo que sí tenía en ese momento.

Me gustaba jugar, estudiar y vender.

Quería que celebraran mi fiesta de XV años, ya sabían quienes bailarían conmigo ese día.

Ya sabía qué color quería poner en el vestido que usaría ese día, ya tenía mi modelo, la ilusión crecía cada día más. Mi fiesta no se pudo realizar, fueron muchas las dificultades que se presentaron, falta de recursos, chocaron el vehículo de papá y eso me ocasionó tristeza, llega mi hermana con tanta alegría y me dice aquí te tengo un regalo que te voy a dar.

Me despierta la curiosidad, que sería lo que me compro y me atreví a ver qué era lo que me dio mi hermana.

La sorpresa era un medio fondo.

Lo agarre y lo guarde, le agradecí a mi hermana, haberse acordado de mí.

La fiesta de mis XV no fue posible celebrarse, la tristeza, rencor en mi corazón hacia mis padres aumento, al paso de los días ya comencé a sonreír nuevamente, entendí que éramos muchos en casa y había prioridades, como el estudio, alimentación, vestido y la situación que se vivía en casa no era buena económicamente.

Cuando entre a la secundaria, pase una etapa un poco complicada, a su vez, mis amigas me invitaban a salir a pasear con ellas, como ir al cine y a casa de alguna de ellas.

No faltaba aquel grupo de amigas, que proponían no entrar a las clases, para mí esto era nuevo, el reventón y hacer el día divertido y alegre, olvidando todo lo que cada uno vivía en casa, fue una etapa muy bonita con nuevas experiencias, amigos y maestros.

Recuerdo que cuando el maestro preguntaba alguna tarea que ya habíamos memorizado, contestaba súper bien, que sentía que tenía derecho de tener una salida con mis amigas y compañeros, desde luego que pedía permiso a papá y a mamá, era muy difícil que me dijeran que si podía salir.

Esto comenzó en mí a tener rebeldía y comencé a hacer lo mismo que mis compañeros, no entrar a algunas clases para poder ir a divertirme, cada día aumentaba más las escapadas y a no asistir, mi papá se dio cuenta fue a la escuela a preguntar, cómo estaba yo yendo con mis tareas y trabajos pendientes, tenía temporada de exámenes finales, oh en ese tiempo habían las máquinas de escribir y me volví muy buena para ello, lo hacía al escribir, hasta con los ojos cerrados, no tenía mi padre queja de mí de algo que yo hubiera ocasionado.

Adelgacé mi cuerpo demasiado, al grado de quedar muy delgada de la cintura, esto era por, sin darme yo cuenta, estaba pasando por un cuadro de anemia y desorden alimenticio, ocasionado por tener un vacío dentro de mí, sentía que algo me faltaba.

Algo no esperado sucedió en mi vida, había una amiga que era diferente a todos nosotros, y me decía que había alguien que me amaba y que era quien podía quitar en mí ese vacío.

Yo la escuchaba. Pero no entendía que me quería decir, me platicaba de alguien que sería mi amigo y no me fallaría jamás.

Estaba en mi mente tantas cosas, que pensaba y si tuviera la razón y esa persona de la que habla fuera para mí un amigo verdadero, podría ser mi confidente y ya me sentiría mejor por dentro.

Recuerdo por otro lado a una amiga llamada Gaby, ella me dijo al saber cómo yo vivía en casa y sin tener permisos para salir con ninguna amiga a distraerme, me dijo ven a mi casa, aquí vamos a hacer tu familia, y podrás salir a donde tú quieras.

Quedé pensando en lo que me dijo y luego de una llamada de atención en casa, decidí irme, sin decir nada, los primeros días todo era muy bueno y tranquilo, me sentía bien con la familia de Gaby que ya era la mía.

Hasta que descubro que ahí practicaba su mamá trabajos de sanación y tenía un cuarto lleno de imágenes y por las noches mi amiga me daba miedo sus comentarios, que una mujer de blanco de nombre Angelita rodeaba la casa, no entendía que era, solo sentía escalofrío y dentro de mi algo me decía que no era bueno.

Después de 3 meses mi familia da conmigo y van por mí, me dice papá regresa con nosotros de nuevo, yo no quería, mi hermana me dice: si no quieres ir con nosotros te llevó con tía y ahí te quedas a vivir.

Dije sí llévame tú y ella accedió a llevarme, era una tía hermana de papá, y ahí solo hice 2 semanas, demasiado estricta, me obligaba a orar, repetir rezos y comer, como ella estaba acostumbrada y no me gustaba la forma de cocinar, un día al salir del cuarto a la sala para dirigirme a presentar examen final, había visita y cuando mi tía ve mi ropa y una abertura en la falda, me dice no vas a ningún lado vestida así, pareces una loca de la calle, no podía soportar que me avergonzara delante de la visita.

DESTINO AL AMOR

Claudia Velázquez

FACEBOOK

Capítulo 2

El deseo de soñar

En ese momento le marqué a mi hermana y le comenté lo que pasó y me dice voy por ti, prepara tu maleta.

Cuando llega mi hermana por mi le digo, no quiero regresar a casa me voy a deprimir ahí, papá me va a regañar o pegar, porque es su hermana y no me va a creer lo que me hizo.

Yo estaba triste y angustiada, a su vez sabía con cual tía podía ir, ella me amaba y quería lo mejor para mí.

Sin pensarlo preparé mis maletas y esperé que llegaran por mí, cuando llego a casa de mi otra tía, ella y yo, ambas emocionadas porque iba a trabajar con ella, fue la mejor decisión en esos momentos de mi vida.

A veces pensaba que podría ser más que una tía, amiga y casi mi madre, todo se tornaba a mi favor, entre a trabajar en un despacho con licenciados que me apoyaban con mis tareas y pasajes, no era gran cantidad mi sueldo, pero podía estudiar ahí.

Y también trabajar, todo comenzó a cambiar favorablemente a mi favor, ya estaba emocionada e ilusionada, porque ya podría salir de paseo, aquella amiga la cual conocí que me hablaba de Dios.

1. ¿Qué pasaba por tu mente ya que tenías libertad para salir de paseo?

R. Alegría en mi corazón, ilusión de experiencias nuevas.

2. ¿Cómo tomaron tus compañeros al saber que ya no vivías en tu hogar, donde viven tus padres

R. A los que me apreciaban y sabían la actitud de mi padre. Pensaban que fue lo mejor que hice, salir de casa.

3. ¿Extrañabas a tu familia y amigos?

R. Sí los extrañaba mucho, principalmente a mamá.

Dios tenía preparado algo especial para mi vida, me trajo a esta tierra para adorarle y servirle.

Ya podía ir a fiestas con mi amiga y podía sonreír con libertad, sin que me regañaran de regreso, empatizaba con mi tía, comíamos juntas, reíamos, le contaba lo que había hecho en la escuela, y ya no era tristeza al llegar a casa, por lo contrario, sentía que era mi hogar, me cobijaba con sus abrazos y besos.

Algo diferente, hermoso, yo estaba viviendo, aunque no era mi lugar ahí, después de un tiempo deje de ver a mi amiga que me hablaba de Dios.

Pasaron unos años, ella se fue a prepararse en un instituto bíblico como pastora y me encuentro de nuevo un día con ella y me invita a ser su dama de boda.

Para eso yo estaba ya de novia con un chico guapo y apuesto, que me gustaba mucho y le digo que voy a hacer, dama de boda y me dice que iría conmigo a la fiesta, le platico a los licenciados con los cuales laboraba y me dicen te damos la ropa y zapatos, eso para mí me llenó mi corazón de alegría y emoción.

Ahí en el trabajo tenía la oportunidad de leer libros e inspirarme a desear cosas que no tenía y yo quería lograr.

Fue un mundo donde descubrí que había muchas cosas que eran para mi importantes, no era suficiente la rutina, sabía que había algo más, y sonreír era necesario, tener la mejor actitud, sabía que no había venido a este mundo a sufrir, sino a ser feliz.

Encontré un sentido a mi vida a raíz de ir a una invitación de mi amiga, ella se iba a casar y quería que sea su dama de boda, llego a ese lugar, escuchó en el sermón que hay un Dios que me ama y quiere llenar mi corazón de su presencia, recuerdo aun ese momento único y especial, donde mis lágrimas no dejaban de caer y mojar todo mi rostro, fue maravilloso, esa sensación de cómo me comencé a sentir diferente, alegre, feliz y enamorada de ese ser que estaba dentro de mí.

Nada se compara a su inmenso amor, me trajo el deseo de soñar, perdonar y amar.

Yo sabía que mi vida, nunca más sería igual, convencida estaba, de que, lo que yo necesitaba, había llegado a mi corazón.

Me sentía diferente, más alegre, más feliz, llena de gozo y todo era felicidad, me preguntaban porque me sentía así, yo sabía que dentro de mi despertó nuevas ilusiones y experiencias, ya nada me robaría mi felicidad, desde este momento, yo, ya era una nueva persona, eso me llevó a querer lograr tener, lo que no había podido adquirir en mucho tiempo.

Las cosas cambiaron para bien, caminaba en fe, con confianza en Dios y me sentía tranquila, en paz mi ansiedad y mi rebeldía desaparecieron.

Ahora todo era planear, esforzarme cada día por poder servir a las personas que tenían alguna situación, la cual podía ayudar, ya que mi proceso me permitió a ayudar a mis amigas, que no sabían cómo solucionar sus ansiedades, miedos, temores e inseguridades.

Ya había en mí una palabra de aliento, de fortaleza, algo que dar, a veces, no nos gusta pasar por desafíos que no entendemos, pero nos van a dejar un aprendizaje, recuerda que no es lo que te pasa, sino qué haces con lo que te pasa, que vas a hacer con aquello que ya superaste, la mayoría de las veces hay personas que no soportan lo que viven, se quejan, lamentan hasta haber nacido y le dicen a Dios, porque a mí, porque tengo que pasar por esto.

Lo correcto es que te preguntes, qué aprendo, qué enseñanza me está dejando, lo que estoy pasando.

En Isaías 40.31

Más los que esperan en jehová, tendrán nuevas fuerzas, levantarán las alas como águilas, correrán y no se cansaran, caminaran y no se fatigarán.

Dios nos da la confianza y renueva nuestras fuerzas cada día, tienes que saber, que hay alguien que te ama con amor eterno.

Nunca te sientas sola.

Camina en fe.

Capítulo 3

Salir de la zona de confort

Renuévate cada día, como si fuera el ultimo de tu vida

Características de las águilas.

Las águilas se caracterizan por su gran tamaño, constitución robusta, cabeza y pico pesados, como todas las aves de presa.

Las águilas poseen un pico grande, poderoso y puntiagudo para desprender la carne de su presa, también con tarsos y garras poderosas.

Las águilas son imponentes por el vuelo que agarran, cuando abren y extienden sus alas, son seguras, son como las que corren y no se cansarán, ni se fatigarán.

Vuelan a las alturas, sin cansarse, ni fatigarse, tienen el cuidado de Dios, pues fueron creadas por él.

Se hace la comparación en nuestros negocios para alcanzar el éxito, no importan los desafíos, o cosas que quieran evitar que logres lo que te propones, aunque parezca difícil el proceso, saldremos victoriosos.

Como mujeres, queremos sobresalir, hacer cosas importantes no solo ser amas de casa, mamá, esposa, tenemos sueños por cumplir queremos dejar huellas, dejar un legado a nuestros hijos.

DESTINO AL AMOR

Atrévete hacer, lo que muy pocos deciden hacer, salir de la zona de confort, en estos tiempos donde vivimos una crisis mundial por el Covid19 donde la sociedad fue impactada a nivel mundial, tanto en enfermedades, muertes, pérdidas millonarias, muchos soñadores nos atrevimos a salir de la zona de confort o como la llamaría la rueda del hámster, salir de ese círculo donde todo en apariencia está bien pero tienes carencias, creencias limitantes, donde no basta con ser talentoso si no de ir y trabajar tras tus sueños hasta lograrlo.

Cuando desde el corazón decides realmente cambiar tu vida y tu perspectiva de ti mismo, es cuando comienzas a transformarte de manera inevitable, eres dueño de tu propio destino.

Salir de la zona de confort, es romper con los miedos, paradigmas, por ejemplo: que el dinero es malo, los ricos son malos, el dinero no crece en los árboles etc.

Dejar de ser un simple empleado y llegar a ser empresario, en este tiempo que vivimos, la era digital.

Ahora podemos llegar a muchas partes del mundo, por medio de internet, antes era más difícil.

Se dice que el negocio del siglo XXI son las redes del mercadeo, si no está conectado a las nuevas tecnologías quedas fuera del sistema y la rentabilidad de tu negocio no prospera.

Algo que me apasiona es poder hacer una red de empresarios en mi negocio, poder ganar regalías, por haber enseñado a un grupo de personas a generar ingresos todos los días por la venta de productos de nutrición y belleza, hacer realidad mis sueños y que mis socios igual lo logren.

Los ricos invierten, mientras los pobres gastan, ¿Dónde quieres estar? Ser jefe, o ser empleado.

Tener las riendas de tu vida, te lleva a un mejor destino, nadie dijo que sería fácil, tendrás subidas y bajadas, momentos de éxito y otros de aprendizaje, nada es fracaso, son etapas, a veces querrás tirar la toalla, pero continúa, no dejes de tener metas y objetivos.

Levántate con la mejor actitud y vístete para el éxito, sigue la carrera que te llevara a ver los resultados que quieres tener. Quien no sabe a dónde va, ya llegó

Hay que pagar el precio, trabajar, cuando otros descansan, invertir en varios negocios, privarte de lujos o gastos innecesarios, como vacaciones de placer, gastando lo que no tienes por aparentar tener dinero que no posees, eso es triste y te llevará a más pobreza.

Usa tus dones y talentos, conviértete en un creador de ideas, un soñador, visionario, empresario.

DESTINO AL AMOR

Busca un estilo de vida, que te convertirá en una persona millonaria y exitosa, trabaja por tu libertad financiera.

Muchos trabajan por cuarenta años de su vida, privándose de muchas cosas, entre ellas disfrutar de la familia, a veces sin poder acudir a grandes ceremonias en la escuela, o fiestas de cumpleaños.

Los negocios online nos conectan a un mundo digital, lo de hoy es tener una tienda en línea y poder vender desde la comodidad de tu hogar.

Esto te permite, estar con la familia, ver crecer a los hijos, el mundo ha cambiado, los negocios igual, en medio de la crisis hay una gran oportunidad, tú decides si quieres ser espectador o ser protagonista.

Seguir siendo empleada, o ser de esa gente extraordinaria, atrevida y decidida.

Recuerda que tomar las mejores decisiones cambiara tu vida y entorno.

Sé de los valientes, que no se rinden y van en busca de nuevas oportunidades, siempre hacia tus metas y sueños.

Pidamos a Dios sabiduría como pidió el Rey Salomón y todo lo que hagamos seremos bendecidos y tendremos éxito.

Bien pudo salomón haber pedido riquezas, pero le pidió a Dios os sabiduría, para que todo le saliera bien y agradar así a Dios.

Reconoció que, aun siendo el rey, había alguien mayor que él, y ahí demostró su humildad y grandeza de Dios.

Los tiempos de Dios son perfectos, nunca se equivoca, ahora reconozco su favor hacia mi vida, mi familia y mis seres queridos, he estado en la búsqueda para salir adelante y puedo mirar el amor de Dios obrando a mi favor, el río de su presencia cuando doblo rodillas, cierro los ojos, y clamo a él, veo su respuesta en menor tiempo de lo que espero, y oh, estoy sorprendida de imaginar todo lo que está a punto de suceder en mi vida.

Prometió estar conmigo, todos los días de mi vida, hasta mi destino final, y yo sé que los desafíos, procesos, solo son temporales, porque lo que hoy vivo, no es mi destino final.

Todo lo que aprendí de niña, los valores que me enseñaron mis padres, como desde pequeña aprendí a ganarme la vida, vender y trabajar, me ha servido ahora de adulto, para poder salir adelante y emprender en diferentes negocios, he sido conocida por las personas, amigos, familia, como una mujer emprendedora, que ha apoyado en los gastos en el hogar.

He sido conocida en las redes sociales, por la forma de promover mi marca personal, ahora de forma virtual, haciendo videos, transmitiendo en Facebook, tiktok, he sido criticada, algunas personas me han dicho que ya no soy una chamaca para hacer el ridículo, pero cuando eso ya no te importa que te digan tales cosas, sino, la alegría que siento cuando me dicen mis amigas, personas que me aman, que continúe aportando algo de valor, eso es lo que me llena de satisfacción y gozo en mi corazón.

Mucha gente que no comprende esto me ha dado la espalda, y me han dejado de hablar, porque piensan que les voy a robar su dinero.

Pero bueno, esto no lo tomo personal, entiendo que muchas personas viven al día con su salario, y si pudieran darse cuenta que mi objetivo no solo es venderle, sino que ganen dinero y salgan de la zona confort.

Esto apenas comienza, seguiré haciendo lo que me gusta, nada ni nadie lo podrá evitar, me he vuelto imparable.

Y si tú mujer, que estás conociendo una parte de mí, quieres salir de tu zona de confort, y tomar las riendas de tu vida, solo tienes que escuchar tu corazón, y comenzar a soñar.

Dios te dice esfuérzate y se valiente, no temas, ni desmayes, porque yo estoy contigo.

Imagina como seria tu vida agarrada de Dios, y que le pidas una oportunidad para salir de tu zona de confort.

La fe mueve la mano de Dios y mueve montañas, ya has sufrido carencias económicas, muchas veces has discutido en casa por la falta de dinero.

Ahí en lo secreto pide sabiduría, Dios te dará ideas, talentos para desarrollar, solo escucha la voz de Dios y deja que te ilumine y te de nuevas estrategias.

Los cielos están abiertos para los que caminan en fe, para los que confían en su Provisión, en las escrituras dice que:

Salmo 23

Jehová es mi pastor y nada me faltará.

así que los que confían en el señor, no tendrán falta de ningún bien.

Tips para lograr tus sueños

- ➤ Camina en fe
- ➤ Buena actitud
- ➤ Declara lo que no ves aún, como si ya fuera
- ➤ Rompe con tus miedos
- ➤ Agarra la mejor oportunidad de tu vida
- ➤ Renueva tu mente
- ➤ Busca un buen mentor
- ➤ Lee libros de superación personal
- ➤ Dios en primer lugar
- ➤ Cree en ti
- ➤ Busca un porque
- ➤ Inicia hoy

Analizar mucho, es parálisis mental, si ya no estas satisfecho con lo que vives hoy, es necesario hacer cosas diferentes para tener otros resultados.

Conviértete en alguien que inspire, motive y ayude a los demás a lograr sus metas y sueños.

No esperes, que otro tome las riendas de tu vida, tú eres el responsable de tus decisiones.

Es tiempo de brillar, de aportar algo de valor a los demás, ahí afuera te están esperando, corre por tus sueños….

Que sucederá cuando empieces a creer en ti, absolutamente todo en tu entorno va a cambiar, tu manera de hablar, de pensar, como manejar tus emociones con la gente que te rodea, controlar nuestras emociones en situaciones difíciles y ser resilientes nos hacen ser más pacientes, más tolerantes, debes ser muy sutil e inteligente emocional ya que eso te ayudará o te estancará dependiendo de cómo reacciones ante las adversidades que te pondrá la vida. eres merecedor por derecho divino, mereces ser feliz, mereces ser amado, estas destinado al amor del padre, destinado al amor terrenal de tus amigos , tu pareja, pero primero debes conocer y elevar tu amor propio, nunca dejes de entrenarte, de estudiar, de aprender cosas nuevas, nunca dejes de desarrollar tus habilidades, se necesitan más de 500 horas de practica para volverte experto en lo que hagas, te gusta pintar , practica muchas veces , te gusta la música conviértete en el que reproduzca más play list en spotify, te gusta hacer negocios, haz que tu firma valga cada centavo que has trabajado .

Conecta con tu espiritualidad, busca tu crecimiento interior y respirarás y transpirarás paz, que te ayudará a buscar un propio balance tanto en tu emprendimiento, trabajo, finanzas, familia y amigos, yo deseo que rompas tus miedos que te expandas hacia nuevos horizontes y sueñes en grande.

Leí una vez por ahí que si tus sueños no te asustan no son los suficientemente grandes …wow esto me retumbo la cabeza y me hizo un click. Para elevar mis estándares acerca de lo que quería hacer.

Tengo 54 años soy madre, emprendedora, hoy estás leyendo mi primer libro un sueño que había estado guardado en las hojas viejas dentro de un cajón, hoy gracias a Dios que nunca me dejó de inquietar con este anhelo, gracias a las plataformas digitales estás viendo plasmado este regalo para ti.

Debes saber que sacrificarás ciertas cosas por obtener tus metas, quizás no todos opinen de acuerdo a tus expectativas, pero no te aflijas, no claudiques, sigue adelante, recuerdo que el pueblo de Israel tardo más de 40 años en llegar a su tierra prometida , después de vivir en esclavitud tantos años ellos llegaron pero se desesperaron o desconfiaron muchas veces de lo que Dios les había prometido, no dudes , si él te ha llamado él te va a respaldar y va a usar tu vida para que por medio de ti otros se acerquen a él .

Sigue creyendo, sigue orando, no desistas, que Dios hará el resto.

Capítulo 4

Volví a nacer

DESTINO AL AMOR

El favor de Dios llego a mi vida, su gracia me perdono y sano mi corazón, cuando antes solo había dolor y soledad, tristeza y falta de amor, llega en un día muy especial,

Yo no lo busque, él me encontró a mí, aún recuerdo aquel día, aquel momento donde volví a nacer, donde su amor me enamoró y su presencia me invadió todo mi interior, y comencé a llorar de alegría, me sentí flotar al aire y una corriente entró en mi ser, dando salvación, amor, esperanza que lo veré, desde aquel día comencé a ver la vida desde otra perspectiva.

Su amor inagotable y sublime me rescató y depositó en mis sueños, talentos y dones.

Se despertó en mí el deseo de hacer algo bueno, algo de valor.

Nos ha dado promesas, aférrate a ellas y cree, ten fe, confianza que lo vas a lograr, aquello que ha depositado en ti, si tienes algún talento, este es el tiempo de ponerlo a su servicio para salvar vidas, déjate usar por él.

De repente por las noches soñaba algo que no entendía qué pasaría en mi vida, al poco tiempo ya se cumplía.

Uno de mis sueños era trabajar en un hotel, ya que estudiaba la carrera de administración turística, me apasionaba por ser parte de un sueño cumplido y Dios me permite entrar ahí.

Otro de mis sueños era poder volar en avión y viajar, ir de vacaciones, sin saber que todo eso sucedería y sería un regalo de Dios.

Soñaba con casarme de blanco, entrar a la iglesia tomada de la mano de mi padre, y lo logré, eso fue magnifico, y me sentí muy feliz.

Cuando quedé embarazada no sabía que sería, quería una niña, para poder jugar con ella, darle las cosas que se merecía y yo lo conseguí, fue un anhelo de mi corazón, cuando me hacen mi ultrasonido él bebe se esconde y no se deja ver, me vuelven hacer otro e igual, se esconde, fue entonces que yo le pedí a Dios que me diera una niña.

Mi sorpresa fue que, al dar a luz, médico dice, señora es una niña, fue un momento de felicidad, emoción y agradecimiento a Dios.

Pasado casi cuatro años, me vuelvo a embarazar, y le pido a Dios otra niña y me la concede, me da otra beba hermosa, con cabello rizado.

Cuando la vi por primera vez, la vi tan tierna y bella, que dije, muchas gracias Dios.

Ya tenía dos hermosas niñas, que alegraban mi corazón, todo aquello que pidamos creyendo lo lograremos, la fe es muy importante para todo aquello que anhelamos conseguir.

DESTINO AL AMOR

Oh sorpresa, vuelvo a quedar embarazada y nuevamente le pido a Dios que sea niña, aquí no se trata de caprichos o tener una varita mágica, se trata de lo que quieres y lo crees y lo creas con tu confianza.

Cuando me dan la noticia que es una niña, fue lo más grandioso para mi vida, las vestía con vestidos de fiesta, sombreros. Son mis princesas, mis joyas preciosas, mi motor, mi fuerza, la alegría de vivir, de levantarme y saber que están ahí, nada se compara con estos momentos hermosos, la experiencia que nos da la vida, Dios, de poder ser dadoras de vida, amigas, compañeras, socias, soy muy feliz, esa forma de sonreír de cada una de ellas, me dejan con una plena realización de ser mamá.

Las veo dar sus primeros pasos, caerse y levantarse, cada una es diferente a la otra, son únicas e irrepetibles, ellas han visto a su madre esforzarse cada día por ser mejor, no soy perfecta, tengo muchos errores y defectos, pero también tengo un noble corazón, que es capaz de sentir y vibrar de emoción, como toda mamá, a veces soy consentidora, otras soy protectora y eso a veces no ayuda mucho, pero leo libros, escucho audios como mejora en diferentes áreas de mi vida.

La grandeza del ser humano es cada día aprender algo nuevo que te haga crecer, desde luego que no es fácil, pero sí necesario para poder dar lo mejor de uno mismo.

Hay que reconocer que a veces requerimos madurar, ser de las que no se rinden, ir siempre hacia adelante y nunca retroceder, sino avanzar, hasta lograr nuestras metas y objetivos.

Paloma era una amiga muy íntima y yo era su confidente, me platica de sus deseos de estudiar, encontrar al hombre de su vida y tener una familia. Ella siempre tenía una sonrisa en el rostro, era muy raro verla triste o hablar negativamente, era muy eficiente en su trabajo, la ascienden de puesto y se lo platica a su esposo y le dice, todo me parece perfecto, lo único que no me parece que tú, vas a ganar más dinero que yo.

Paloma lo mira con ojos de asombro por su reacción y le dice, no ha sido mi intención hacerte sentir mal, ni menos, déjame hacer bien mi trabajo, sabes que voy a apoyarte con los gastos.

Paloma comienza a viajar, conocer otros horizontes y comienza a imaginar grandes cosas para ella y su familia.

Le pone metas, objetivos y fecha para lograr lo deseado, se aferra tanto a lo que quiere que lucha todos los días y se esfuerza por ver cumplido todo lo que ha declarado que llegará a su vida, lo materializa, lo hace tan real, que, aunque todavía no lo tiene, confía que lo lograra, activa su fe.

Toma las promesas de Dios para su vida y las hace suyas.

Aunque había voces a su alrededor que le decían, no lo lograrás, ella se mantenía feliz, ilusionada, emocionada y apasionada por lo que no tenía aún, pero ya lo veía tan real, que encontraba cada día motivos para estar conectada y enfocada con su sueño.

Es muy fácil alegrarse cuando vemos físicamente las cosas que queremos, que difícil e imposible se torna en las personas que no creen en sí mismas y en Dios.

Cuando reconozco que la fe es la certeza de lo que se espera convicción de lo que no se ve, eso me da seguridad.

Ahora bien, tener fe, es estar seguro de lo que se espera, es estar convencido de lo que no se ve. Hebreos 11.1

Saber que se cumplirá, que llegará, que nadie me va a hacer creer lo contrario, me aferro a lo que Dios ha determinado y preparado para mi vida.

 Si Dios ha dicho que lo hará, nada ni nadie lo va a impedir que suceda.

Mantenerse emocionado y feliz, hacemos que las cosas sucedan, levantarse cada día deseando ya ver realizado aquello que esperamos.

Recuerda bien que aquello que te mantiene con emoción y despierta una pasión en ti, descubre dentro de ti que puedes lograr lo que tú quieras, enfócate con una buena dirección y obediencia.

La confianza que tengamos en hacer que las cosas sucedan, hará que se convierta en una realidad, no dudemos ni por un segundo, tener la confianza, que sí sucederá.

¿Qué hace que las cosas no sucedan?

- ➤ La falta de fe.
- ➤ El miedo a fracasar.
- ➤ La falta de enfoque.
- ➤ No tener una buena dirección.
- ➤ La falta de obediencia.

¿Qué debemos hacer para salir vencedores en aquello que queremos lograr?

Para poder aportar cosas de valor a los demás es muy importante leer, educarse, tener un mentor, una buena dirección.

Trabajar en nuestro ser, nuestro interior., eso nos dará grandes resultados.

Dios nos ha dado habilidades para poder poner a su servicio.

José el soñador que menciona la escritura, nos relata de una persona que amaba a Dios y estaba a su servicio, podía interpretar los sueños de otros y era llamado por un faraón, sus hermanos le tenían envidia y lo vendieron como esclavo en Egipto y el favor de Dios estaba con él, muchos conocen la historia de cómo llegó a ser gobernador de Egipto y perdonó a sus hermanos, cuando fueron ellos a pedir alimento, porque su nación estaba pasando por una terrible crisis económica, ellos vivieron las vacas flacas y José ya lo había soñado antes que esto pasará, les contó a sus hermanos el sueño y se enojaron.

Génesis 37,5,6,7

José tuvo un sueño, se lo contó a sus hermanos y ellos lo odiaron todavía más.

José les dijo…oigan este sueño que tuve.

Estábamos juntos amarrando manojos de trigo en la mitad del campo y de repente mi manojo se levantó y quedó derecho, después sus manojos rodearon el mío e hicieron reverencia.

En ocasiones la gente que más amamos, no estarán de acuerdo con cosas que les mencionamos y no ven, nos dirán que aterricemos, que salgamos de nuestra burbuja, que eso nunca va a pasar.

Nos harán dudar, enojar, pero no dejaremos que nos roben nuestros sueños, sobre todo si tenemos el respaldo del creador de nuestras vidas.

Como debemos de responder ante las personas que quieren robarnos nuestros sueños.

Seguros que lo lograremos.

- ➤ Enfocados en lo que queremos alcanzar.
- ➤ Fe firme.
- ➤ Emocionados.
- ➤ Seguros de nosotros mismos.
- ➤ Agarrarnos de las promesas, que son nuestras.
- ➤ No escuchar a los negativos.
- ➤ Recordemos que todo lo podemos en Cristo, que nos fortalece.

En la vida debemos tener emociones, ilusiones, motivos porque vivir y que legado queremos dejar en este mundo.

San Lucas 6:43-45

No hay árbol bueno que pueda dar fruto malo, ni árbol malo que pueda dar fruto bueno. Cada árbol se conoce por su fruto: no se cosecha higos de los espinos ni se recogen uvas de las zarzas.

De una misma fuente, no puede salir agua dulce y salada.

Capítulo 5

Enfócate en tu "por qué"

Escribir tu por qué… qué es eso que te mueve, eso qué quieres lograr lucha hasta lograrlo.

Recuerda que la constancia es la base del éxito.

Cada día, levántate con emoción, aférrate a las promesas de Dios.

Todo esfuerzo vale la pena.

Vas a tener días que querrás abandonar. Pero continua, no abandones, hasta lograrlo.

Esfuérzate, sé valiente, renueva tus fuerzas como el águila y vuela muy alto.

Nadie te dijo que sería fácil, pero aquellas cosas que más nos llevan tiempo por lograr son las que valen la pena.

Es importante que seas persistente, y le pongas fecha para su cumplimiento, si no lo lograras por algún motivo, vuelve a intentarlo, una y otra vez, corre por aquello que deseas lograr.

Te contaré una anécdota…

Trata de una chica que soñaba con el hombre ideal, cada día se vestía, arreglaba, perfumaba, para él lo hacía todos los días. Ella pidió a Dios un hombre, que lo amara primero a él y luego a ella, cada día antes de acostarse daba las gracias a Dios por esa persona que quería tener como esposo, y lo hace los meses y años, hasta que llega ese día especial, y el joven la mira tan hermosa y le pide que sea su esposa el día que se conocen, ante todo un escenario de gente le da su anillo de compromiso y le dice Dios me dijo que tú, eres esa chica que compartirá su vida conmigo, cásate conmigo.

La joven entendió, en ese momento, que era la respuesta de su oración.

Solo se trata de esperar la respuesta de lo que queremos, para cuando lo queremos.

Todo es posible si puedes creer, nada hay imposible para Dios, la fe en lo que pidamos, es muy importante para poder recibirlo.

La duda, aleja que las cosas lleguen, la queja y el enojo, agarrarnos de las promesas de Dios es muy importante.

Mantenernos felices, emocionados, con buena actitud, hace que se haga realidad lo que queremos, sobre todo obedecer, quitar de nosotros todo lo que nos aleja de nuestros sueños.

Puede que en algún momento sientas cansancio, falta de fuerzas, ánimo, que no te salen las cosas como tú quieres, en esos momentos, debes tomar nuevas fuerzas como el águila, detenerte un momento y respirar profundo, poner la mirada al cielo y decirle a Dios, ayúdame a continuar, por ningún motivo te des el lujo de abandonar aquello que cambiara tu destino.

Encuentra un lugar secreto para estar en intimidad con tu creador, dobla rodillas, clamó a él, con lo que salga de tu corazón.

Hablar con Dios y entregarle tus sueños, anhelos de tu ser, tus debilidades y tu fragilidad como ser humano, te digo algo, hacer esto es de valientes, porque los cobardes abandonan y se rinden, pero los que esperan en las promesas de Dios no se rinden, sino van para adelante, no retroceden, toman nuevas fuerzas, respiran profundo y si vas a llorar, llora, no te detengas, saca todo aquello que te hace sentir sola y vacía, y llénate del amor de Dios, que sobrepasa todo entendimiento.

Para atrás no camines, podrías caerte, ve para adelante, camina con fe, y no dejes de clamar a tu creador, hasta que sientas la paz, amor y fortaleza en tu alma.

Lo que hoy estas pasando es temporal, recuerda que no es tu destino final, aún tienes mucho por hacer y dar.

La palabra de Dios nos dice, y hace comparación con nuestra vida, como las águilas, ellas se fatigan y se detienen un momento en algún lugar para tomar fuerzas y continuar su vuelo a su destino.

Así cuando te sientas sola, y sin fuerzas, acude a quien te diseño, tu creador, aquel que te dio la vida, y salvación y si no le conoces, solo dile con tus palabras entra a mi corazón, sana mis heridas, hazme una nueva creatura, perdonamos errores, fallas, debilidades, lléname de ti.

Eso es todo lo que dará a tu vida un giro de trescientos sesenta grados y tu vida, ya nunca más será igual.

Te aseguro que te vas a sentir muy feliz, ya dejarás de sentirte sola y triste, vendrá a ti alegría y amor. Gozo, fortaleza, amor e ilusión.

Se vale cometer algún error, equivocarnos, debemos reconocer nuestras fallas y errores y saber que no somos perfectos, vamos camino a la perfección.

Quizás, tienes una carrera profesional, ya tienes una familia hermosa, has viajado a otros países, tienes el auto de lujo que siempre quisiste tener, pero te sientes vacío, y no sabes que está sucediendo, hay que hacer un equilibrio en nuestra vida.

Te voy a hacer que te imagines una mesa, sabes tú que tiene cuatro patas, cada pata representa algo importante en nuestra vida.

Dios… Dios debe ocupar un lugar principal en tu vida, como es tu relación con Dios, hablas con él, lo adoras, le sirves, eso solo tú lo sabes y Dios.

Familia… eres buen proveedor, amas a los integrantes que forman tu familia. Pasas tiempo de calidad con ellos.

Yo…que tanto te amas, valoras, conscientes, ahí entra tu amor propio. ¿Cómo está tu interior? ¿Estás feliz, satisfecho, inviertes en tu persona? ¿Te premias por cada logro?

Trabajo…eres responsable, te estresas, dedicas más tiempo de lo normal por tener más, afectando tu salud, le das más tiempo que a la familia y a Dios. Tú lo sabes, trabaja esa área de tu vida.

Mi experiencia de vida, mis procesos, mis caídas y levantadas, me han dejado enseñanzas para poder ayudar a otras personas, no han sido derrotas, han sido victorias, cada una de las cosas por la que he pasado, lo he llevado a lo secreto, no he acudido con personas incorrectas que no conocen de Dios, sino he ido con personas que aman a Dios a pedir consejo, pero antes he doblado rodillas.

Dios ha sido mi fuerza en todo momento, mi auxilio en la tribulación, cuando en algún momento me sentí sola, ahí estaba el.

He pasado por muchos desafíos, en todos he visto la mano poderosa de Dios.

Sabes el hombre sin tener una comunión con Dios, haga lo que haga por querer llevar una vida de éxito, se encontrará, con un vacío en su corazón.

DESTINO AL AMOR

Como seres humanos Dios nos Dios la capacidad de poder crear una idea y hacer dinero para poder aportar en el hogar, con la familia, ha dado dones y talentos a cada persona.

Y tú, eres capaz de convertirte en ser creador, con mucho talento, recuerda que, si estás en este mundo, es porque Dios así lo ha dispuesto, continúa hacia la meta, tus objetivos y sueños.

Que nadie te diga, que tú no puedes, porque si puedes lograr desarrollarte en ese negocio que tanto anhelas.

Aunque pases por pruebas, desafíos, tribulaciones, Dios es tu fortaleza.

Salmo 46.1

Dios es nuestro amparo y fortaleza, nuestro pronto auxilio en las tribulaciones.

La biblia menciona una persona que quería ser sano de la lepra, humanamente no podía sanar, para esa enfermedad no había cura, él tenía fe, de que aquel Jesús sanador y salvador, que aun los vientos obedecen a su voz, cuando dice una orden, suele suceder.

Evangelio San Mateo

Habiendo bajado del monte, le fue siguiendo una gran muchedumbre de gentes y en eso vinieron a él, un leproso

lo adoraba diciendo, señor, si tú quieres puedes limpiarme y Jesús extendiendo la mano le dijo queda limpio, y al instante, quedó curado de su lepra.

Jesús tenía fama de que sanaba a los enfermos.

Y lo seguían multitudes, ya había escuchado de Jesús, este hombre soñaba con ser sano.

Yo Claudia, me pregunto a diario que ha derramado Dios a mi vida y cómo es posible que tenga tanto amor para darnos.

Cuando me doy cuenta de que tengo más de lo que merezco, es ahí cuando veo su grandeza y majestuosidad.

Sé que todo lo que pudiera estar pasando, no se compara con su amor, mi destino, no es donde ahora me encuentro, sino a donde iré con él.

Disfrutar de la vida, la familia, las altas y bajas, lo que yo esté mirando a mi alrededor, eso, eso no tiene importancia para mí.

Ser agradecida, ver la respuesta de Dios, eso me hace grande.

El amor de Dios es algo especial, nos da seguridad, que somos cobijados con su amor y cuidado.

TIKTOK

Capítulo 6

Mis guías

DESTINO AL AMOR

¿Cuál es la experiencia de sueño que ya has tenido con Dios?

He tenido muchos sueños, desde la adolescencia, me ha gustado escribir poemas de amor, versos, historias de amor, cuando dejamos de soñar, dejamos de vivir.

El romper la piñata, el intercambio de regalos, los abrazos, la convivencia con los primos, era maravilloso.

Ese calor humano, poder jugar, intercambiar ideas, eso me hacía muy feliz, son fechas especiales en la navidad, recordamos el nacimiento de Jesús.

El amor de Dios nos hace personas diferentes a cualquier persona que no ama a Dios.

Sabemos que existen varios tipos de amor y es necesario, descubrir en nosotros como estamos amando a nuestro prójimo.

Ya que Dios nos dice que hay que amar a nuestro prójimo como a nosotros mismos, fuera rencores, enojos, resentimiento.

San Juan 3.16

Porque de tal manera, Dios amó al mundo, que ha dado a su hijo unigénito, para que todo aquel, que en él crea, no se pierda, más tenga vida eterna.

El amor de Dios es sublime, es incondicional, se entregó así mismo por amor al mundo, a ti, a mí, nadie nos podrá amar como Él nos ha amado, su amor lo ha derramado sobre nosotros.

Cuando le creemos a Dios, suceden cosas que no entendemos, solo su amor perfecciona en nosotros.

Recuerdo que Claudia desconocía su amor, hasta que llegó a mi vida, tocó mi corazón, ese gran día fue maravilloso.

Estando en la escuela secundaria, una amiga me habló del amor de Jesús, me invitó a una iglesia, nunca me dijo que hablarían del amor de Dios ese día, yo no conocía ese amor, ese día tomo mi mejor decisión, aceptar a Jesús, como mi Dios único, mi salvador.

Quitó de mí todo vacío, soledad, tristeza, Dios me dio el amor de padre que yo necesitaba, sentí su perdón, yo me salí de mi casa y vino rebeldía en mi vida, a través de su espíritu santo, siento gozo, amor, fe, esperanza.

Quiero mencionar aquí en esta historia de vida a alguien muy especial en mi vida, al pastor David Gamboa Uribe, quien, con sus mensajes poderosos, alentadores, edificativos, me ha impulsado e inspirado a continuar en los caminos eternos.

Ejemplo de servicio, consagrado a Dios, tiene una hermosa familia.

DESTINO AL AMOR

Le pedí, que compartiera su testimonio, a lo que amablemente me envió un audio para compartirme.

Como he visto el amor de Dios como familia, cuando unimos nuestra vida en santo matrimonio, decidimos incluir a Dios en nuestras vidas, tengo tres hijos varones, desde temprana edad han servido a Dios, hicieron profesión de fe, son buenos jóvenes que aman a Dios.

Mi esposa me ha ayudado con mano firme en la corrección educación y servicio a Dios, para con mis hijos.

Aparte de que Dios ha cuidado a mis hijos, mi esposa a cuidado de mis hijos, con mano firme, disciplina, hoy los tres sirven a Dios, mi hijo mayor, Dios lo llama y es pastor asociado conmigo, mi esposa es una mujer sana, hace 25 años me vi muy mal, casi al borde de la muerte, tres infartos del corazón, Dios me ha sanado y hasta el día de hoy, me mantengo sano, me siento saludable, mis hijos igual.

Somos una familia que amamos a Dios, puesta al servicio de la iglesia por más de treinta y nueve años, muy bendecida y agradecida con Dios.

La familia pastoral, me ha cobijado, aceptado como miembro, me faltan las palabras para decirles, que los amo y son un gran ejemplo a seguir, siempre han estado, dando palabras de exhortan, alientan y reconfortan, muchas gracias mis pastores.

Dios siga usando sus vidas, que siempre demuestran ese amor y nos conduzcan al camino eterno, el cual es nuestro destino.

La forma como Dios ha impactado mi corazón, el encuentro que tuve aquel día, en aquella iglesia,, su presencia, ha sido suficiente en mi vida, la paz y amor que Dios ha depositado en mi corazón, me mantiene en emoción, con la firme esperanza y confianza, que estoy en la carrera del maratón celestial, y que día a día, es importante, nutrirse con la palabra escrita, por mejor y más grande autor, que es Dios mismo, quien inspiró a un grupo de hombres, para escribir grandes historias, de vida, transformadoras, desde aquel día, mi vida, no volvió a ser igual.

He tenido diferentes desafíos, procesos, subidas y bajadas, como cualquier ser humano, pero la gran diferencia, que la marca esa intimidad ahí en lo secreto.

Reconozco que recién lo conocí, no entendía las escrituras, y le pedí, sabiduría para poder entenderla.

Ahora sé que todo tiene su tiempo, Dios es Dios de pactos, que cumple sus promesas, que tiene planes de bien y no de mal, para nuestras vidas.

Amarlo a él, es mi pasión, lo que me mantiene alegre, feliz, emocionada, enamorada de él, tengo la fortuna de poder soñar con los ojos abiertos y saber que provienen de Dios.

DESTINO AL AMOR

Así como a José el soñador lo vendieron como esclavo por sus hermanos, a él faraón en Egipto, y lo odiaron por los sueños que Dios le daba a él y se los contaba a ellos.

Así te odiarán a ti, por hacer cosas diferentes, pensar diferente, caminar diferente, es muy importante que sepas a quien contarle tus sueños, y que sepas esperar el tiempo correcto.

Dobla rodillas, mira a los cielos y agradece a tu creador, por hacerte diferente, eres su niña de sus ojos, eres la princesa del palacio real, no eres cualquier cosa, eres una mujer virtuosa.

Cuando sientas que no puedes más, clama a Dios, refúgiate en él.

Apasiónate por él, vive para él, recuerda que eres extranjero, peregrino en esta tierra, y que no es este lugar, tu destino final.

Lo que pudieras estar pasando y te quiera quitar el gozo y alegría en tu corazón, recuerda que hay que vivir un día a la vez, como si fuera el último de tu vida.

Capítulo 7

Tipos de amor

DESTINO AL AMOR

Amor eros… cantar de los cantares, el amor entre una esposa y un esposo debe ser entre.

Amor filial… amor fraterno incluyendo amistad, y afecto, amarás a tu prójimo, como a ti mismo, y ahora permanece la fe, la esperanza y el amor, pero el mayor de ellos es el amor.

Amor ágape… se usa para describir el amor de Dios, que viene de él, cuya naturaleza misma es el amor.

Conocer el amor en estos tiempos que vivimos cualquiera pudiera decir que no es posible, se vive un mundo donde las prisas, competencia de alcanzar alguna cosa, nos mantiene enfocados, que cuando te das cuenta, no hay lugar para el amor, por la falta de tiempo, cabe mencionar lo importante que es poder amar a alguien.

Sentirse amada, valorada, cuidada, recibir esos detalles importantes, como un detalle, una flor, una carta con algún pensamiento que sale del corazón.

Mantener encendida esa chispa de amor, dentro del matrimonio es de todos los días, no solo en aniversario, cumpleaños o navidad.

La fuerza del amor hace que todo sea diferente, aun cuando tienes una situación que se presenta y no sabes que hacer, o cómo resolver.

El maravilloso consejo de la palabra nos enseña, que no es bueno que el hombre esté solo, le creo a su compañera idónea, quien sería su amiga, consejera, esposa y la madre de sus hijos.

El mundo en que vivimos, cuando vienen los hijos, la falta de recursos económicos, y conocerse y unirse dos seres humanos, diferentes, se unen en matrimonio, descuidar las partes más importantes en esta relación, llegando muchas veces al divorcio o separación de ambas personas, que un día se casaron enamorados, se encuentran frustrados, amargados, si te sucede algo así, acude a pedir ayuda a la persona indicada,

Dejar de amar es morir.

El amor no es necesariamente con una pareja lo que te mantienen con vida, es el amor hacia las personas, sobre ti misma, aportar algo a la sociedad te hace ser alguien valiosa y con grandes virtudes, he podido ver mujeres que han tenido alguna ruptura matrimonial, y han podido salir adelante, la mejor forma de lograrlo es sirviendo a las personas.

La felicidad no depende de la otra persona, sino de ti misma, no es lo que te pasa, sino qué haces con lo que te pasa, Dios ha dado una fuerza increíble a la mujer, para poder dar ese extra, que tiene dentro, escondido y debe descubrirlo, los procesos son necesarios, para poder crecer, madurar y ayudar a los demás.

DESTINO AL AMOR

Te contaré una anécdota de una amiga que Dios la sacó de la depresión, abandono, tristeza en la cual se encontraba.

Ella había disfrutado de un amor en su matrimonio, se sentía amada, y ella también amaba a su pareja, viven una relación hermosa, Dios en medio de los dos, vienen los hijos, las pruebas , y luchan por muchos años de salvar su relación, desafortunadamente, pierden la esencia más importante que es el cuidado de ambos, cada quien hacía lo que quería, fueron creciendo los hijos, mi amiga sentía que su mundo se le venía abajo, que no saldría de esta situación y determina entregar a Dios todo lo que le estaba pasando.

Comienza a pedirle a Dios una oportunidad de poder expresar ese amor que tenía adentro en sentirse útil, viva, que debía depender de Dios y no del hombre.

Por las noches tenía sueños de Dios, se veía hablando con mucha gente y veía a mujeres llorar, caminar en soledad, y ella les hablaba a esas mujeres del amor de Dios.

Las mujeres muy atentas escuchando y dejarse sanar cada herida, que había en su corazón, era precioso ver ese escenario lleno de la presencia de Dios, derramando su espíritu santo, fue entonces que cuando aquella amiga va a Dios en oración, le dice como me usas a mí, si falle en mi matrimonio, si estoy separada, en ese momento le tiene la respuesta, tenías que pasar por ahí, porque vi el llanto de mis hijas, y sabía que podía depositar en ti, esta carga para servirme con todo tu corazón, la persona que no vive una situación como la que permití que pasarás, no tendría nada para dar, y tu pasaste por el dolor y vas a darles amor.

La prueba más grande de amor la dio Jesús en la cruz, ahí demostró el verdadero amor hacia la humanidad, que, siendo pecadores, nos perdonó, se entregó, dando su vida por mí y por ti.

San juan 3.16

Dice en la palabra de Dios lo siguiente.

Dio a su hijo unigénito, para que todo aquel, en él crea no se pierda, más tenga la vida eterna.

Como el amor puede transformar las vidas del ser humano.

El propósito de nuestras vidas es adorar a aquel que nos ha dado perdón de pecados y salvación y vida eterna.

Desde ese momento tiene que haber un cambio, si aún no tienes a Jesús como tu señor y salvador.

Basta hacer una oración con fe., para que veas las maravillas que pasarán en tu vida.

Yo Claudia, vivía con ansiedad, tristeza, con miedos e inseguridades, por muchos años caminé en oscuridad en rebeldía, hasta que Dios me encontró y sanó mi corazón.

DESTINO AL AMOR

Había heridas de maltrato, violencia, cuando Dios llegó a mi corazón, limpio mi vida, mi corazón, hoy puedo decir que soy libre, que las cadenas del odio, rencor, he podido perdonar a aquella persona que me lastimó.

Ahora soy libre, Dios cambió mi corazón, mi lamento en baile, te sientes súper bien.

Que sería lo único que me lleva a mi destino…la única persona que nos lleva a nuestro destino es Dios, no hay otro camino.

La biblia menciona a Jesús, quien nos lleva al padre.

Jesús nos dice, yo soy el camino la verdad y la vida y nadie va al padre, sino es por mí.

Cantares 5.10 al 16

Mi amado es blanco y rubio, señalado entre diez mil.

11..su cabeza como oro finísimo.

12.. sus cabellos crespos, negros como el cuervo.

12. Sus ojos como palomas a los arroyos de las aguas, que se lavan con leche, a la perfección colocados.

13.sus mejillas, como una era de especias aromáticas, como fragantes flores, sus labios, como lirios que destilan mirra fragante.

14. Sus manos como anillos de oro engastados de jancitos, su cuerpo como como claro marfil cubierto de zafiros.

15. Sus piernas como columnas de mármol fundadas sobre las bazas de oro fino.

Su aspecto como el Líbano, escogido como los cedros.

16. Su paladar, dulcísimo. Y todo él codiciable, tal es mi amado, tal es mi amigo, oh doncellas de Jerusalén.

Hay amores en la vida que nos pueden fallar, decepcionar, muchas veces a grado de no querer volverte a enamorar, y darte una segunda oportunidad, por miedo al fracaso, pero déjame decirte que es aprendizaje todo lo que vivimos.

Mis amigas me dicen, oye Claudia, porque siempre te veo sonriendo y emprendiendo algún nuevo proyecto, no tienes problemas en casa, me preguntan con frecuencia, he aprendido que todo tiene un porqué y para qué, siempre que pasemos por algún desafío es para crecer, como persona, esposa, madre, amiga y aun en los negocios.

Tú tienes un propósito de vida en este mundo que vivimos, cuando veas a alguien pasar por algo y te lo platica, no la juzgues, critiques, ni condenes, dile una palabra de ánimo, se usa para bendecir, levantar y amar a tu prójimo.

Somos una obra maestra creada por Dios, para adorarle, amarle y ser usada para servirle.

DESTINO AL AMOR

Todo tiene una recompensa, nos espera un mejor lugar.

Mujer, esfuérzate, se valiente, no temas, ni desmayes, porque yo estoy contigo.

Hoy tienes la oportunidad de asistir a una gran boda, una gran fiesta, vístete con la mejor ropa., no permitas que la alegría se vaya de tu vida, que el amor se vuelva odio, no lo permitas, deja que Dios sane toda herida en tu corazón.

Despídete de la depresión, desengaño, rencor, tristeza, soledad, odio, renuncia a tener una vida mediocre.

No me dejaras mentir que muchas veces inicias algo y no lo terminas, que en ocasiones sientes frustración, por no haber estudiado lo que tu querías y estudiaste lo que podías, eso quizás trajo un vacío en tu corazón, te invito a rendirte a Dios y pedirle que te haga una nueva persona, que pueda vencer todo y levantar la cabeza en alto y ya no mirar hacia abajo.

Haz algo que te mantenga emocionada, ilusionada, enamorada de ese proyecto, tienes que ser creativa, una idea te puede cambiar la vida y encontrar un motivo, un propósito.

Una razón de vivir, ser útil, estar en movimiento continuo te va a ser lograr grandes cosas, la buena actitud, quita de tu boca el yo no puedo, no lo voy a lograr.

Porque si eres dadora de vida y pudiste traer un ser a este mundo, y te esforzaste en ese momento que venía tu bebe, para que naciera, tu más que nadie sentiste ese dolor de parto, que quizás pensaste que no ibas a poder, pero el saber que traías dentro de ti, una criatura, te hizo ser fuerte, agarraste una fuerza que nunca habías eres admirable, guerrera, valiente, que, si pudiste con eso, puedes con todo y Dios nunca se equivoca, fuiste escogida para dar vida.

Filipenses 4.13

Todo lo puedo en cristo que me fortalece.

Levántate y resplandece, que tu brillo, ilumine a todo ser humano.

Agradece por el amor que Dios ha depositado en ti, para poder dar a los abatidos de corazón.

Hay un lugar especial para ti, y es tu destino final, no cualquier lugar, sus calles son de oro, y somos invitados a las bodas del cordero.

Cuando sientas tristeza, que todo está perdido, que no tienes fuerzas, respira profundo y alza tus ojos al cielo y habla con Dios, pídele una nueva oportunidad, entonces, te sorprenderá y todo lo que hagas tendrás éxito.

Mejor es obedecer, que miles de sacrificios, ahí recibirás la bendición, los tiempos de Dios son perfectos.

DESTINO AL AMOR

Yo Claudia, soy una mujer que ama a Dios, la vida, a su familia, y lucha siempre por salir adelante, no se rinde, ni tira la toalla, sino que ve lo que vendrá, deja atrás el pasado, vive el día de hoy como si fuera el ultimo, me apasiona hacer negocios, ser creativa y esforzarme cada día.

A veces no suelen salir las cosas como quiero, pero me voy innovando, renuevo mi mente, sacando la basura, que entra por comentarios de gente negativa, y me queda bien claro que, si yo quiero ser una persona exitosa, voy a llevarme con los más exitosos, capacitarme cada día, aprender, pagar el precio.

Yo Claudia, amo las cosas sencillas y simples, la naturaleza, me encanta viajar, me encantan los retos, sobre todo ayudar a las personas a lograr sus objetivos.

Tengo fe que sucederá aquello que me proponga lograr, lo visualizo, voy tras ello, con metas claras y objetivos.

Mi fe nadie la moverá, aunque vengan personas con muy mala intención y me digan, no lo vas a lograr.

Algo muy fuerte dentro de mí me dice, que, si lo lograré, por más imposible que parezca, reclamo mis promesas que dice Dios en su palabra, que él es el Dios de lo imposible.

Con Dios somos más que vencedores, tenemos la victoria en Jesús.

La llave al éxito está en la confianza en Dios, en nosotras mismas, tenemos que creer que lo lograremos, gózate en el proceso, porque ahí, vivirás las más grandes experiencias y vivencias, escribirás tu propia historia de éxito.

Agradecimiento

Agradezco a Dios, la oportunidad de plasmar en este libro parte de mi vida,

A Francisco Navarro Lara, por haberme enseñado a trabajar en mi ser

A ZOAR Montalvo Barceló mi princesa por haber estado conmigo apoyándome en redactar, dándome ideas y escuchándome.

A todas las personas que me impulsaron, amigos, familiares, por confiar en mí, en esta aventura

Estoy muy feliz de poder cumplir este sueño, esperando que sea de bendición a tu vida.

Al pastor David Gamboa Uribe, por sus oraciones, por haber compartido su testimonio

A Toda mi familia de Best Seller 7 Generación 8, siempre estaban motivando e impulsando a continuar

Porque a pesar de la pandemia por el COVID 19, viviendo en época de recesión económica, tome retos y desafíos

Dedicatoria

Le dedico este libro a Dios, primeramente, aquellas personas que se encuentran en busca del amor, aquellas mujeres que les gusta soñar, pero no saben cómo vencer obstáculos.

En memoria de mi madre que en paz descanse y a mi padre que aún continua con vida porque me enseñaron el valor de ganarse las cosas con trabajo honrado. Le agradezco a mi esposo por ayudarme a encargarse del hogar mientras escribía la historia que les será de mucha ayuda en su vida y a mis hijas por ser un apoyo de impulso para poder cumplir mis sueños.

Le dedico de igual forma este libro a mis amigos de Best Seller 7, generación 8.

Por el buen compañerismo en el taller, la unidad y amor de cada uno de ellos hacia mi vida.

YOUTUBE

Biografía

Mi nombre es Claudia Velázquez, nací en la ciudad de Mérida Yucatán en el año de 1967 un 10 de abril.

Soy la numero cinco de ocho hermanos de la familia, soy mujer de retos desde hace cinco años me dedico a las redes de mercadeo, soy empresaria me dedico al cuidado de la salud, soy madre de tres hijas, esposa.

Ahora estoy en este nuevo proyecto como escritora amante de las letras e historias.

CLAUDIA VELÁZQUEZ

www.ingramcontent.com/pod-product-compliance
Lightning Source LLC
Chambersburg PA
CBHW072038150726

47999CB00002B/975